L 27/n 16321

ÉLOGE FUNÈBRE
DE MONSIEUR
PILASTRE DE ROZIER,

PRONONCÉ le 13 Juillet, au Musée

DE MONSIEUR,

SOUS L'AUTORITÉ DU CONSEIL;

PAR M. LENOIR, Professeur de Langue &
de Littérature Angloise.

Illi robur & æs triplex
Circa pectus erat.   Horace.

A LONDRES,

Et se trouve A PARIS,

Chez { L'AUTEUR, rue du Roule, N°. 36.
THÉOPHILE BARROIS, Libraire,
Quai des Augustins.

M. DCC. LXXXV.

DISCOURS
PRÉLIMINAIRE.

Lorsque le Conseil du Musée daigna m'autoriser à jetter quelques fleurs sur la tombe de M. de Rozier, j'étois fort éloigné de songer à les rendre publiques. Il faut une autre capacité que la mienne, pour aspirer aux honneurs de l'impression. Aussi me les ferois-je interdits, si des circonstances, que je ne raconterai pas, parce qu'il faudroit parler de moi, n'avoient privé l'hommage destiné à la cendre de cet Aéronaute infortuné de la publicité qu'on vouloit lui donner. Un point sur lequel il me semble essentiel de me justifier, c'est la raison qui m'a déterminé à préférer le genre oratoire, à la marche historique; ce qui, je ne puis me le dissimuler, m'exposera au reproche d'avoir célébré mon héros d'un ton un peu emphatique. D'abord, je conviendrai que la manière dont il finit sa carrière, m'a paru y prêter; & quoique la marche historique se soit aussi présentée à mon esprit, je l'ai aussi-tôt rejettée par les considérations suivantes.

Il faut, selon moi, un discernement bien délicat, lorsqu'il s'agit de louer un homme pris dans la classe ordinaire, pour l'adopter. Un éloge historique du Grand Condé, de Turenne, du Chancelier de l'Hôpital, est bien facile à faire. Ces hommes-là sont si grands, que si vous les montez sur les échasses, dont l'usage est permis à l'orateur, vous risquez de les rendre petits, parce que vous les ôtez trop de la vue. De tels hommes, sont, pour ainsi dire, des soleils qui n'ont point de lever : ils sont toujours au midi de leur course. Soit que vous les preniez dans l'enfance ou dans la vieillesse, leur vie offre toujours de quoi, sinon imiter, du moins admirer. Mais lorsqu'un homme placé d'abord dans les derniers rangs de la société, franchira l'obscurité à laquelle il étoit voué; & s'élevant au-dessus de sa naissance, parviendra à une certaine célébrité, il seroit bien indiscret de dire, je vais écrire son histoire. Si le panégyriste se dit son ami, c'est alors qu'il doit être bien plus sur ses gardes, & il ne sauroit être trop prudent sur le choix des matériaux. S'il donne à son ouvrage une certaine étendue, ce n'est pas assez d'être bien intentionné, il faut qu'il se défie de cette partialité qui lui montre tous les faits intéressants dans la vie de son ami ; car, sans cela, il courre risque de mêler à de grands traits beaucoup de puérilités & de choses indignes du Public. Si, d'un autre côté, ce n'est pas l'amitié qui lui mette la plume à la main, & qu'il choisisse mal-adroitement, il s'expose à passer pour méchant, & la malignité pourra ne voir en lui qu'un diffamateur qui a pris un masque amical pour outrager plus paisiblement l'homme dont il feint de faire l'éloge. Outre le tort qu'il se fait en pareil cas, aux yeux des honnêtes gens, il fait un très-grand mal à la société en tuant l'émulation, & commet une injure très-grave envers l'homme qu'il loue. C'est sur-tout dans sa manière de se procurer ses renseignemens que sa délicatesse doit le manifester. Ceux qu'on lui présente & qu'il adopte, doivent être péfés dans la balance la plus jufte. L'éloge hiftorique n'étant pas pofitivement une hiftoire, la ftricte vérité n'enchaîne pas d'une manière fi indifpenfable, qu'il ne doive prendre garde de rien hafarder, que fon héros puiffe être fenfé avoir voulu cacher, ou qui puiffe lui caufer la moindre confufion, s'il l'entendoit. Les défauts de fon enfance, & l'humiliation de fa famille, ne devroient jamais être mentionnés, ou tout au moins avec la plus judicieufe réferve ; car alors on devient coupable de violence. En effet, lorfque l'envie de fortir du pofte obfcur où nous avons été placés, s'empare de nous, lorfque nous tâchons de mériter les regards du Public, n'eft-ce pas une preuve que notre première condition nous déplaît ; & n'eft-ce pas nous défobliger que de nous y ramener ? Plus nous affectons de garder le filence en pareil cas, plus il eft clair que nous aurions du regret qu'on voulût nous le faire rompre. Si nous ne faifons pas l'aveu de notre premier néant, combien notre vie ne feroit-elle pas inquiettée par l'idée qu'un homme viendra fureter, jour par jour, heure par heure, dans notre origine & nos actions, & recherchera jusqu'aux circonstances que nous voudrions nous dérober à nous-mêmes, pour en repaître la curiosité publique ? Cette seule pensée ne feroit-elle pas capable d'étouffer à jamais tout desir de renommée, & de faire préférer une obscurité qui nous souftrait à tous les regards, à une réputation qui rendroit nos défauts plus saillants, en les mettant en contraste avec quelques vertus ?

Telles sont les raisons qui m'ont fait courir après l'éloquence dans l'Éloge de M. de Rozier, parce que les exagérations, les palliatifs, les réticences qu'elle permet, m'ont mis à portée de fournir ma carrière sans faire ou publier aucune découverte qui puisse offenser ses mânes. Les objets sur lesquels roulent les louanges que je lui ai données, sans être contraires à la vérité, forment un assez beau modèle à proposer à l'imitation de ceux qui, comme lui, auront le desir des grandes choses. Au reste, qu'il me soit permis de déclarer que je ne fus jamais son ami intime. Mes relations avec lui n'ont été intime que celles que ma profession me procure avec une foule de personnes. Il y a plus, j'ai blâmé plusieurs fois pendant sa vie, ce qui me sembloit alors témérité ; mais il en a été la victime, je ne vois plus du même œil l'audace de tenter alors un danger auquel il pouvoit succomber ou échapper, comme cela lui est arrivé plusieurs fois, aujourd'hui qu'il y est péri, me semble intrépidité & courage ; & tout en cherchant les causes de sa perte, si tant est qu'on en puisse juger de manière positive, il seroit injuste de lui refuser une gloire qui, on n'en peut douter, a été sa plus douce espérance, & à laquelle il a fait le sacrifice de sa vie.

ÉLOGE FUNÈBRE
DE MONSIEUR
PILASTRE DE ROZIER.

Messieurs,

Ce n'est pas d'un de ces Héros, libérateurs de la Patrie, qui ont versé leur sang pour sa défense, que je viens vous entretenir. Celui sur le sort duquel nous versons des larmes, quoique victime de la bravoure, n'a pas eu, il est vrai, des motifs aussi brillants, que ceux qui illustrent la mort du guerrier prodigue de sa vie pour le salut de l'Etat. Intrépide comme lui, également insouciant du danger, les circonstances qui seules classent les hommes, ne lui ont pas permis d'aller braver le trépas dans les pleines meurtrières de Mars. Mais, Messieurs, s'il n'eût point cet honneur, il en fut digne, sans doute ; & comme dans les éloges dont nous honorons les actions d'éclat, c'est moins à ces mêmes actions qu'à la vertu qui les a produites, que nous les accordons, il a sûrement des droits incontestables qui m'enhardissent en ce moment à solliciter vos regrets, pour en orner la couronne funèbre que je viens déposer sur sa tombe. Hélas ! il n'est donc plus, ce moderne Tiphis, dont le courage hardi & le regard intrépide, réalisant pour nous des récits fabuleux, avoit osé prolonger son horison jusque par de-là ces régions éloignées, où le soleil épuisé par sa course diurne, va chercher de nouvelles forces pour rendre le jour à notre hémisphère ! Celui que tant de fois nous avons vu planer majestueusement sur nos têtes, qui, monté sur l'aîle des vents, sembloit destiné à nous frayer les plaines aérées ; qui paroissoit appellé à dompter le plus léger des élémens, & à le joindre aux domaines de l'homme, qui de son vivant, avoit, pour ainsi dire, été jusque dans les cieux, reconnoître la place que ses travaux, sa bravoure, ses vertus sembloient lui devoir assurer, gît maintenant dans la poussière & avec lui périssent nos flatteuses espérances. La consolation même du doute nous est arrachée ; il n'est plus. & il ne nous reste plus que son nom, & des regrets à donner à sa mémoire ; triste foulagement des cœurs fenfibles ! Auffi, Meffieurs, eft-ce pour complaire à la fenfibilité des vôtres que j'ofe aujourd'hui élever ma voix dans ces lieux où il m'avoit admis au nombre de ceux que fon amour pour les fciences lui avoit fait affocier à fes travaux, dont vous reconnûtes le prix, puifque vous les foutîntes de vos fuffrages. Peut-être l'envie (car ainfi que tous ceux qui veulent le bien, il l'excita), qui, pendant fa trop courte & périlleufe carrière, a fi fouvent jetté fon venin fur fes jours confacrés à des effais également utiles & dangereux ; furieufe de l'avoir vu s'élever au-deffus d'elle, & fouler fa tête fous fes pieds lors de fes premiers fuccès, déguifant fa maligne joie, fe fera-t-elle introduite jufque dans cette affemblée que vous venez honorer de votre préfence, & me reproche-t-elle tout bas d'afpirer à captiver votre attention par l'énumération de fes droits à votre eftime. Il me femble déjà la voir attaquer l'importance de mon fujet, & s'élançant au milieu de vous, vouloir arracher d'une main frénétique le laurier protecteur dont vous daignez ombrager fa cendre. Mais, Meffieurs, c'eft ici le moment d'imiter fon intrépidité. Pardonnez donc, fi, oubliant la foibleffe de mes talens pour la fonction dont j'ofe me charger, je n'écoute que la voix de la sensibilité, j'avouerai que l'hommage que je viens rendre à son nom, est au-dessus de mes forces, & que pour le rendre plus digne de vous & de lui, sans doute il devroit être orné de toute la pompe de l'éloquence. Mais quoi ? toute sa richesse prodiguée dans cette circonstance lugubre, bien propre à la vérité à contribuer à la perfection du monument, pourroit-elle ajouter à sa durée, dès qu'il aura vos cœurs pour base ? C'est donc à eux que je dois m'adresser, c'est d'eux que je dois recevoir les titres qui m'établiront dans ce douloureux emploi; & blâmable, sans doute, si j'étois animé par le vain espoir de partager sa célébrité, je ne saurois l'être dans la tendre confiance de vous associer aux pleurs que m'arrache sa destinée, d'abord si brillante, & depuis devenue si terrible.

<small>Première PARTIE.</small> Les plus petits détails sur la vie d'un homme célèbre piquent, en général, la curiosité. Voilà pourquoi dans les occasions semblables à celle-ci, il est ordinaire d'exposer le tableau de l'enfance de celui dont on fait l'éloge; & quoiqu'il n'offre pas toujours des objets très frappans, les Auditeurs semblent l'exiger; soit comme une espèce de compte qui leur est dû, de l'usage que le Héros a fait des premiers dons de la nature,

ou afin de se débarrasser du fardeau de l'admiration, en reconnoissant dans son l'enfance, les foiblesses ordinaires à celles des autres hommes. Quant à celle de *Jean-François Pilastre de Rozier*, elle fut dans la classe ordinaire, ainsi que son origine ; & en cela même, elle approcha plus du gland chétif, qui est destiné à produire un grand chêne. Il nâquit à Metz en 1757, d'une famille qui ne s'éleva jamais au-dessus de la simple bourgeoisie. Son père conçut de bonne-heure, que s'il ne pouvoit laisser à ses enfans une fortune considérable, il devoit du moins y suppléer par les soins donnés à leur éducation. Aussi fit-il tous les sacrifices en son pouvoir pour rendre celle de son fils complette ; & il en eut sans doute été dédommagé par les fruits que ce dernier en retira, s'il eût vécu assez de tems pour en être le témoin ; mais la mort de ce père respectable, en le privant de cette jouissance, vint aussi arrêter les progrès du jeune de Rozier. La douleur que devoit lui causer une telle perte, fut encore alors aggravée, en ce qu'elle sembloit lui fermer à jamais la carrière des sciences vers laquelle il étoit entraîné par son goût dominant. Mais ce qui devoit l'en éloigner, l'y fit entrer avec plus de succès. Envain une partie de son patrimoine est-elle dévorée par des créanciers avides, & des débiteurs infidèles. La nécessité pourra bien le presser de son aiguillon, mais ce ne sera que pour mieux lui faire sentir l'importance du travail, auquel il brûle de se livrer. Ne croyez cependant pas que tout en s'y livrant, il n'envisageât que les douceurs prochaines du repos, de l'aisance, ou de la considération. Le repos étoit odieux à son ame active ; quant à l'aisance, il ne la désira jamais, qu'afin de pouvoir s'adonner plus sûrement à des recherches utiles ; & pour la considération, c'étoit au milieu des hasards & des succès qu'il vouloit en jouir.

C'est avec de semblables dispositions, que d'abord il embrassa l'étude de la Chirurgie, ou il fit même des progrès assez rapides pour être plusieurs fois le libérateur de la maternité souffrante. Mais son cœur trop sensible ne lui permit pas de résister long-tems aux cris de la douleur, ni de supporter la présence du tableau des misères humaines. Il renonça donc à cette partie de l'art de guérir, si révoltante à ses yeux par son appareil sanglant, & alla chercher les moyens de se rendre utile à l'humanité ; dans une autre, où témoin plus éloigné des maux qui l'affligent, sa main ni son cœur n'eussent point à frémir des secours qu'il lui préfentoit. La Pharmacie lui parut plus propre à le conduire à cette fin, & il quitta l'Hôpital Militaire de Metz, pour entrer chez un Chymifte de la même ville, où il étudia les élémens de cette fcience falutaire. Mais la Phyfique a des rapports trop intimes avec elle, pour qu'il pût fe difpenfer de s'y adonner ; & afin d'acquérir des connoiffances plus profondes dans l'une & dans l'autre, bientôt il s'achemine vers la capitale.

Bien différent de la plûpart de ces gens qui abandonnent leur province, la tête remplie de l'efpoir de trouver à Paris une multitude de moyens de fortune, celui qui le flattoit uniquement, étoit de pouvoir allumer fon génie à ce vafte foyer de toute efpèce de connoiffances. Auffi, quoique dans un âge affez tendre, pour n'être pas à l'épreuve de toutes les féductions qui peuvent charmer la jeuneffe, il ne céda jamais qu'à l'attrait de l'étude (a).

───────────────────────────────

(a) J'ai eu occafion de découvrir que je m'étois laiffé aller à une crédulité peut-être trop facile, fur quelques circonftances de la vie privée de M. de Rozier. mais qui m'a femblé tirer d'autant moins à conféquence, que c'eft à la dernière partie de fa vie que j'ai cru qu'on devoit des élo-

Voici, Meſſieurs, la première époque où M. de Rozier commença à jetter les fondemens de cet intérêt qu'il a inſpiré depuis, & auquel une figure douce & engageante, image de ſon ame, a eu moins de part que ſon ardeur aux études qu'il s'impoſoit. A peine eſt-il arrivé, qu'il ſe joint à cette foule nombreuſe de diſciples, que les ſçavants Profeſſeurs de cette grande ville, le centre des ſciences & des arts, raſſemblent autour d'eux. Il n'écoute pas leurs leçons, il les dévore, il anticipe quelque fois ſur les réſultats qui doivent ſuivre la ſimple expoſition de l'expérience, dont ils ſe diſpoſent à donner la démonſtration. Si vous l'aviez vu dans ces inſtans, il reſpiroit à peine, on eût dit qu'il craignoit de n'avoir pas aſſez d'organes pour donner accès à la ſcience. L'apprehenſion de rien perdre des vérités ſublimes, communiquées par les divers Profeſſeurs qu'il ſuivoit, lui a fait pluſieurs fois multiplier ſon domicile, afin de fixer plus promptement ſur ſes cahiers, les leçons de ſes maîtres, & les obſerva-

---

ges. Pour la première, je n'en ai parlé que pour la forme; auſſi eſt-ce la raiſon qui m'a donné moins de défiance ſur les renſeignemens qui me ſont parvenus.

tions

tions auxquelles elles donnoient naissance (a). Mais des leçons théoriques telles que celles que l'on reçoit dans les Cours, que l'amour de nos Monarques pour les Arts, & leur munificence accordent à grands frais à leurs sujets, ne pouvoient étancher la soif de s'instruire, dont M. de Rozier étoit dévoré. Convaincu que la pratique qui doit tant à la théorie, en étend les lumières à son tour, il voulut s'y livrer. C'est alors qu'il auroit eu à gémir que la fortune lui eut refusé les moyens de satisfaire son inclination, si la résolution n'étoit venu à son secours. Il n'étoit pas assez peu ennemi de la dépendance, pour ne pas éprouver des regrets du sacrifice de sa liberté, dont il faisoit un si bon usage. Cependant ce sacrifice étoit nécessaire, il lui coûta sûrement; mais il le fit, & s'engagea sous divers maîtres en Pharmacie de cette Capitale, pour continuer sous eux ses études chéries. C'est-là qu'au milieu des charbons & de la vapeur des fourneaux, il

---

(a) M. de Rozier, dans le tems où il faisoit ses Cours, a eu jusqu'à quatre logemens à la fois dans Paris, pour être plus à portée de profiter sur le champ des diverses instructions qu'il recevoit. Ce fait peut être attesté par plusieurs personnes dignes de foi.

B

exposoit sa vie pour interroger la nature, & la forcer jusques dans ses retranchemens les plus secrets. C'est-là qu'il allumoit son enthousiasme pour ces génies intrépides, à qui nous devons tant de découvertes importantes, & malheureusement périlleuses, en partageant leurs dangers. C'est-là qu'ajoûtant à l'ardeur brûlante de ses foyers, celle de son émulation, il formoit le projet hardi de marcher sur leurs traces, & de percer les mystères qui avoient pu échapper à la pénétrante sagacité de leurs recherches. Aussi, quoiqu'il osât leur laisser appercevoir qu'il aspireroit un jour à être leur rival, il sçut cependant se concilier leur amitié & leur estime.

Entreprendre de vous donner des preuves de faits si connus, seroit en quelque sorte abuser de l'attention dont vous daignez m'honorer. Eh ! quelle preuve plus éclatante, Messieurs, pourrois-je vous en donner, que celle dont vous avez vous-mêmes été les témoins ? Pardonnez, si je parois interrompre l'ordre des tems pour vous la rappeller. Il vous souvient, sans doute, du petit dérangement qui survint dans la marche des opérations du Musée, la veille, pour ainsi-dire, du départ de son malheureux chef pour cette funeste expérience, qui nous l'a ravi. Le jeune Professeur chargé de vous guider dans le sanctuaire de la science où lui-même auroit voulu vous conduire, si ce qu'il regardoit comme son devoir ne l'eut appellé loin de nous, écoutant une sensibilité qui auroit dû être étouffée par les applaudissemens flatteurs dont vous honoriez journellement ses efforts, prit du dégoût pour la fonction honorable commise à ses soins, & vous pressa de consentir à sa retraite, qui sembloit devoir être d'autant plus nuisible au Musée, que M. de Rozier, au moment de s'éloigner, n'avoit, pour ainsi-dire, pas le tems de lui choisir un successeur. Cependant l'instant pressoit; le chef du Musée alloit avoir la douleur de manquer à ses engagemens envers vous: Il court éperdu chez un de ses anciens maîtres, pour le prier de le diriger dans son choix, & de lui trouver parmi ses autres élèves un sujet le plus capable possible de répondre à votre attente. Eh bien ! Messieurs, ce citoyen vénérable par la profondeur de ses connoissances, par les honneurs municipaux que sa probité a attirés sur sa personne, par une vie laborieuse, & vouée au service de l'humanité, consent à succéder à un jeune homme, novice, pour ainsi-dire, dans la science, comparé à lui, mais cependant en possession de vos applaudissemens. Maintenant, Messieurs, qu'il me soit permis de vous demander quels motifs assez puissans ont pu arracher ce savant respectable au repos que la multiplicité de ses travaux devoit lui rendre si précieux ? Fut-ce l'intérêt ? Non, Messieurs, car il déclara qu'il n'accepteroit aucun honoraire pour le prix de ses soins. Fut-ce l'espoir d'étendre sa réputation ? Il y avoit travaillé depuis long temps avec succès, puisqu'il tient rang, passez-moi l'expression, parmi les dignitaires de la science. Fut-ce l'attrait des applaudissemens ? Il y étoit accoutumé. Il ne pouvoit donc y avoir que l'amitié du maître pour son élève qui eût assez de force pour l'arracher à une tranquillité si bien méritée, & une semblable amitié n'est sûrement pas un des moindres titres en faveur de M. de Rozier (*a*).

―――――――――――――――――――――

(*a*) Ceci étant un fait très-connu des Souscripteurs du Musée, mais étranger au Lecteur, il est juste de l'en instruire. M. Proust, jeune Chymiste, dont le nom éveille les plus hautes espérances, ayant entendu blâmer sa méthode d'une manière assez piquante, par quelques-uns de ses Auditeurs, crut devoir remercier le Musée, ce qu'il fit dans une leçon qui fut pour lui un vrai triomphe, puisqu'une assemblée nombreuse lui fit les plus vives instances, pour l'engager à continuer son Cours. Cependant il persista, & M. Mitouart, chez qui M. de Rozier avoit demeuré, consentit à remplacer M. Proust.

A cette eſtime, à cette amitié ſi tendre de la part de ſes maîtres; je pourrois ajouter celle d'une multitude de ſavans en poſſeſſion des égards du public, qui oublièrent la diſtance miſe entr'eux & lui, par la gravité de leur âge, par une réputation dans toute ſa fleur de leur côté, tandis que du ſien il n'exiſtoit encore qu'un foible bouton, promettant à la vérité de s'épanouir, mais dont le ſouffle des paſſions pouvoit à tout moment brûler les eſpérances. Je pourrois, ſans doute, vous en citer pluſieurs; & dans le nombre vous verriez ce Pontife de la nature qui changeant en un ſanctuaire ſcientifique ce palais ſuperbe, élevé à la fortune, preſque vis-à-vis l'ancienne demeure de nos Rois, vous étonne encore tous les jours par les oracles qu'il y rend au nom de la déeſſe, dont il eſt devenu l'organe. (a). Vous y verriez pluſieurs membres

---

(a) M. Sage, proféſſant la Chymie à la Monnoie, ce fut lui qui, chargé par la Société d'Emulation de Reims, de lui choiſir un ſujet pour remplir la Chaire de Chymie, qu'elle ſe propoſoit d'établir, nomma M. de Rozier. Quant aux déſagrémens que ce dernier éprouva dans cette Province, comme ils parurent fondés ſur des points de ſa doctrine, il étoit hors de propos de les rapporter, puiſqu'il eût fallu aſſéoir un jugement entre les deux parties, que les ſeuls Profeſſeurs de la ſcience que M. de Rozier enſeignoit, avoient droit de porter.

B 5

de cette compagnie illuftre, établie par nos fouverains pour prononcer fur l'importance & le mérite des travaux du favant & de l'artifte, dont les jugemens mûremens réfléchis, fagement motivés & toujours impartiaux, lui ont fi juftement acquis le refpect & la vénération de toute l'Europe. Mais, Meffieurs, cette Compagnie entière va bientôt prendre le plus vif intérêt à la perfonne de M. de Rozier, parce que fes titres vont devenir plus réels. Jufqu'à préfent, la bienveillance dans les uns, l'anticipation d'un mérite encore éloigné dans les autres, & la condefcendance dans plufieurs, ont pu engager cette multitude de gens recommandables, à encourager les effais d'un jeune homme qui n'avoit encore rien d'étonnant pour eux : mais l'inftant approche, où franchiffant le cercle étroit d'une vie privée, il va acquérir une exiftence d'abord publique, & enfin univerfelle ; tel eft le nouveau jour fous lequel il me refte à vous le montrer, *dans ma feconde partie.*

Seconde PARTIE.
C'eft ici, Meffieurs, que je fens combien je dois trembler de tromper votre attente, & de fuccomber fous le poids des faits qui me reftent à célébrer. Je ne faurois promener mon œil fur l'efpace que je vais parcourir, qu'il ne recule ébloui par l'éclat des chofes extraordinaires qui

le remplissent, & je serois tenté de les croire au-dessus des forces de celui qui les a produites. Ce n'est plus un jeune homme actif & laborieux, méritant les applaudissemens d'un petit nombre de personnes estimables par son application à s'instruire, & par un amour passif pour les sciences. Je le vois déjà député pour les transplanter & les étendre, dans la capitale d'une de nos Provinces, dont il obtient cette considération, qui depuis a porté plusieurs Académies du royaume à lui donner rang parmi elles. Mais la ville de Reims ne pouvoit offrir un assez vaste théâtre à sa gloire. Ici le bonheur semble vouloir ajouter à ses moyens, & l'attache bientôt à la suite d'une Princesse, non moins auguste par ses vertus & les précieuses qualités de son cœur, que par le sang qui coule dans ses veines, & le titre d'épouse du frère de ce premier monarque de la terre, qui est à la fois la joie & l'espoir de ses peuples, en même tems que l'arbître & le pacificateur du monde. La fortune qui ne veut point le favoriser à demi, fixe sur lui les regards de la Princesse & ceux de son auguste époux, aussi empressé à rechercher le mérite dont il est un juste appréciateur, qu'ardent à le couvrir de sa protection. Une ame ordinaire, alors, se seroit appliquée à devenir l'objet immédiat des grâces que ce couple glorieux verse sur ceux qui l'approche. Mais celle de M. de Rozier semble ennoblie par l'influence des vertus de ses protecteurs. Eh ! comment attribuer à une autre source ce désintéressement dans un citoyen obscur & sans fortune, que des circonstances heureuses placent auprès de deux astres bienfaisans, sans qu'il songe à se faire le foyer de leurs rayons; c'est cependant ce dont l'établissement du Musée offre l'exemple. La protection toute puissante du Prince & de la Princesse, est sollicitée par lui, uniquement en faveur de cet édifice public, fait pour attester aux races futures, que les Bourbons, les descendans du grand Henri, ne méritent pas l'hommage des peuples seulement par la dignité de leur origine, mais encore par l'appui qu'ils accordent aux sciences. En vain des petites cabales & des basses jalousies veulent-elles s'opposer à l'élévation du monument. Les avantages qui devoient résulter d'une association libre, où toutes les branches du savoir sont cultivées avec goût, en rendoit l'idée trop brillante, & la fin trop utile pour qu'il ne triomphât pas d'aussi foibles obstacles, soutenu par un chef qui, malgré la foiblesse de ses moyens, étoit si passionné pour le bien public, & par des protecteurs si accoutumés à le vouloir. Le malheureux évènement qui nous raſſemble, paroîtroit cependant y devoir porter une atteinte funeſte; mais telle eſt l'eſtime qu'a inſpiré ſon fondateur, que bien qu'il n'exiſte plus, pour l'appuyer par ſes démarches auprès des Puiſſances qui l'ont aidé à élever ſes murs, ſa mémoire leur ſera un nouveau ſupport. Déjà ſes auguſtes patrons, en donnant des larmes à la fin malheureuſe de celui qu'ils avoient chargé d'y préſider en leur nom, lui continuant leur bienveillance au-delà du trépas, ont déclaré qu'ils ſoutiendroient ſon ouvrage, & quoique leur protection ſoit plus que ſuffiſante pour empêcher ſa ruine, l'intérêt que vous y prenez ne ſauroit ſans doute vous permettre de lui retirer la vôtre.

Oui, vous ſubſiſterez, Temple élevé à la ſcience, malgré la ſecouſſe cruelle que vous venez d'éprouver. Vous avez un trop ſuperbe appui dans ceux ſous les auſpices de qui vous fûtes édifié, & dans ceux qui vous fréquentent, pour tomber ſous les coups du ſort, & le ſouvenir de l'architecte qui en donna les premiers deſſins, ſera pour vous après ſa mort un étay de plus, comme ſes travaux ont contribué à votre éclat pendant ſa vie.

Je craindrois, Meſſieurs, que devant toute autre aſſemblée, on ne me reprochât cette dernière expression comme exagérée (*a*) : mais, qui fait mieux que vous combien il étoit loin, de ne se regarder que comme le chef oisif d'un vain bureau d'esprit & de connoissances ? S'il eut été tel, il avoit en vous de trop bons juges pour vous intéresser long-temps. L'empressement avec lequel vous assistiez à ses leçons, lorsqu'il professoit, étoit sans doute une preuve du plaisir que vous y preniez. Aussi jamais reconnoissance ne fut égale à celle que lui inspiroit votre approbation, dans laquelle il n'avoit cependant garde de voir la récompense de son mérite ; mais bien plutôt une nouvelle obligation contractée par lui, de redoubler d'efforts pour s'en rendre vraiment digne ; ce ne fut pas par un arrangement sonore de mots vuides de sens, qu'il cherchoit à vous charmer : l'ordre, la clarté, la précision, la méthode ; voilà quels étoient les

---

(*a*) Il ne m'appartient pas de juger jusqu'où s'étendoient les connoissances de M. de Rozier. S'il eût été très-sçavant, il eut ressemblé à beaucoup d'autres ; mais son desir de le devenir, sa modestie, son désintéressement, sa passion pour la splendeur du Musée, & sa bravoure qu'une foule de gens a imité depuis, parce qu'alors il n'en étoit résulté aucun accident, sont les points sur lesquels ses panégyristes doivent insister, puisque ce sont ceux où il ressemble à peu ou à personne.

principaux moyens, auxquels il croyoit qu'il lui fut permis de recourir en votre préfence, vous confidérant comme un nouvel aréopage, qui lui interdifoit les fecours d'une éloquence, qui eut fait à vos efprits l'injure de prétendre à féduire votre jugement.

Mais des talens froidement didactiques n'étoient pas felon lui des droits affez recommandables pour un homme à la tête du Mufée. Il afpiroit à une célébrité plus felon vos vœux. Delà ce génie hardi qui a caufé fa perte : delà cette compaffion pour des malheureux qui trop fouvent trouvent la mort dans les travaux auxquels la nature les a condamnés, & dont la vie ne lui parut pas moins précieufe, comme fes concitoyens. Pourquoi vous rappellerois-je les allarmes que vous lui avez fi fouvent témoignées, quand malgré fon refpect pour vos defirs, il négligeoit vos tendres recommandations de moins s'expofer, & alloit braver des vapeurs meurtrières pour tâcher de ravir au méphitifme fes trop nombreufes victimes. Si les Romains accordoient la couronne civique à ce citoyen capable d'oublier fa propre fûreté, & de fe dévouer pour celle d'un feul homme, combien n'en eut-il pas obtenues, lui qui expofoit fa vie pour des milliers, & fembloit ne refpirer que pour affronter le péril.

Cependant tout brûlant de la soif des découvertes, fut-il moins zélateur de celles des autres? remarqua-t-on jamais en lui cette envie jalouse, qui trop souvent dèshonore des génies faits pour être au dessus d'elle (*a*)? Non, Messieurs, comme il étoit plus sensible au charme de la gloire, il étoit aussi plus porté à attribuer à chaque Savant celle qui lui étoit due ; & jamais il ne parut avoir plus de plaisir, que quand il devenoit en quelque sorte la trompette de la renommée, & sonnoit l'éloge d'un homme qui avoit fait quelque pas éclatant, vers la perfection dans les Arts. Ce n'étoit pas assez pour lui de le vanter, de déployer avec pompe le prix de son travail ; il devenoit son disciple, entroit dans la carrière avec lui, non comme antagoniste, mais comme un ami qui craint que son ami ne

___

(*a*) Il ne s'est point fait de découvertes un peu saillantes depuis l'établissement du Musée, que M. de Rozier ne s'en soit occupé de la manière la plus active. Quoique la machine de M. Verra ait été une de celles qui ont causé le plus de sensation, & qu'il ait cherché à la perfectionner, tout en rendant hommage & justice à l'Auteur, elle ne m'a pas paru assez sublime pour être mentionnée dans un discours oratoire; mais comme la conduite de M. de Rozier ne s'est pas démentie dans cette occasion, j'ai cru devoir la rappeller dans cette note.

tire pas un affez grand parti de fon invention, & qui plutôt que de lui voir rien perdre de fes prétentions, confent à devenir l'inftrument paffif de fa célébrité.

C'eft ici, Meffieurs, le point délicat de fon éloge, & l'attendriffement qu'il éveille en moi, ne me laiffe plus d'expreffions pour l'achever. Comment vous peindre l'enthoufiafme dont il fut faifi, à la première nouvelle, encore non circonftanciée, de ce phénomène incroyable, enfanté par le génie des Meffieurs Montgolfiers? Tout Paris, toute l'Europe doute encore: les procédés font inconnus; cependant le petit nombre des bons efprits lents à porter un jugement, réfolvent de les chercher: il fe mêle parmi eux: il devint un des promoteurs de l'effai médité, & enfuite exécuté avec un fuccès fi enyvrant au champ de Mars. Alors fon admiration, fon dévouement pour l'inventeur s'accroît; eh! dans quel inftant? dans celui où deux ou trois individus bâtiffent déjà des projets de lucre fur un réfultat, qu'ils ne doivent qu'au choc des efprits que ce prodige occupe, & que néanmoins ils veulent s'approprier, parce qu'ignorans des moyens de l'auteur, ils y font parvenus par d'autres. Supérieur en tout à la baffeffe de pareils motifs, il élève un trophée aux véritables propriétaires de cette idée magnifique, bien résolu de ne pas se réfroidir sur une nouveauté si étonnante (*a*).

Mais un des créateurs de ce prodige, faisant le sacrifice de sa modestie au vœu d'un roi protecteur du génie & des arts, à celui de l'académie qui par ses ordres jugent de leurs progrés auxquels elle concourre, & enfin à celui de la nation entière, paroît dans la capitale : aussi-tôt M. de Rozier vole sur ses pas, & dans les transports qui le brûlent, il ose blâmer la trop grande simplicité de ses prétentions. « Non, lui dit-il, ce n'est plus à lancer
» dans les airs des masses énormes & abandonnées
» à elles-mêmes, que vous devez aspirer. Votre
» découverte est d'un prix plus sublime. Par vous
» l'empirée doit être envahi, & devenir la possession
» de vos semblables, & si une opinion trop humble
» de vous & du don que vous leur faites, vous
» arrête en ce moment, je ne souffrirai pas que la
» plus brillante moitié de votre gloire vous soit
» ravie. » Ici toutes les têtes fermentent par l'es-

___

(*a*). Le Public peut se souvenir que dans les diverses excursions aériennes de M. de Rozier, il n'a pas fallu former de souscription, ni acheter chez lui de billet, pour jouir du spectacle qu'il lui a si souvent donné.

poir ; mais la crainte glace bientôt ces premiers tranfports. Un cri général s'élève pour demander l'effai glorieux, & le dévouement de quelques-uns de ces malheureux que leurs crimes & la loi qui les condamne, ont rendus des objets d'infouciance pour la fociété, dont ils ont troublé l'ordre. Mais quoi ! des criminels, incapables d'aucun courage, voués à une mort ignominieufe, obtiendroient pour récompenfe de leurs forfaits, le prix qui n'eft dû qu'à la bravoure, & auroient l'honneur de frayer à leurs concitoyens la route des régions céleftes ? Ah ! ne croyez pas qu'il y confente.

N'allez pourtant pas vous imaginer, Meffieurs, qu'il fe regardât comme le feul qui pût mériter un fi beau deftin. Les louanges qu'il a données même à ceux dont la jaloufie fit taire la pufillanimité, & qui tout en rabaiffant depuis fon courage intrépide, en ont été les panégyriftes par les précautions minucieufes qu'ils ont prifes pour l'imiter, quoi qu'ils fuffent prefque raffurés par fon exemple, prouvent affez qu'il n'avoit de lui-même que l'idée qu'il devoit avoir. Vous le repréfenterai-je venant en perfonne folliciter vos éloges pour ce rival heureux, qui aux yeux du vulgaire lui arrachoit une partie de fa gloire, & que cependant il vous préfenta, en vous priant d'infcrire fon nom parmi les vôtres (*a*)? Non, Messieurs, & quoique le désordre pût m'être permis, en louant un homme qui a presque interverti l'ordre de la nature, je garderai celui dans lequel se sont succédés tous les événemens relatifs à cette singularité, que les anciens croyoient le plus pompeux ornement de leurs productions romanesques, devenues pour ainsi-dire les prophéties de la gloire de notre siècle (*b*).

(*a*) Lorsque M. de Rozier, étant à Boulogne, apprit que M. Blanchard avoit heureusement franchi le Pas-de-Calais par la voie aérienne, loin d'éprouver le moindre regret, ou la plus petite jalousie, il alla au-devant de lui, & du Docteur Jeffris, & se fit un plaisir d'augmenter leur triomphe en les présentant au Musée, où il pria Messieurs les Fondateurs de vouloir bien les recevoir parmi eux.

(*b*) On paroît vouloir douter que notre siècle soit l'inventeur de l'aérostation, & quelques gens veulent donner à entendre qu'elle a été connue des Anciens. Si c'est une vérité, & qu'elle ait été perdue depuis, je me garderai bien de rien affirmer à ce sujet. Mais ce que j'assurerai bien, c'est que les Anciens me semblent avoir été beaucoup plus juste & plus reconnoissants, qu'on ne l'est de nos jours. On ne voit que des louanges données à Dédale & à Icare, dont la chûte ne lui a attiré aucune épigramme après sa mort, & qui a presque été divinisé. Après cela, étonnez-vous si l'Egoïsme dirige la plûpart des hommes, & s'il est si peu de mortels qui sentent de grandes choses.

Suivons-le

Suivons-le donc devant cette compagnie illustre, à qui, au refus de tous, il va demander d'accepter le sacrifice de sa personne. Voyez ces visages respectables changer & pâlir de l'effroi inspiré à la fois par l'horreur du péril, & l'intérêt qu'ils ressentent pour celui qui brigue une si dangereuse commission. En vain il s'efforce de les rassurer : sa jeunesse & son zèle le leur rendent trop cher pour permettre d'abord qu'ils étouffent un pressentiment funeste, & qui ne s'est, hélas ! trouvé que trop juste. Alors son ardeur gémissant de l'obstacle qu'on lui oppose, est réduite à devenir coopératrice de cette seconde expérience qui, pour prix de l'adresse qu'il y déploie, & de l'enthousiasme qu'il montre sous les yeux de nos augustes maîtres, dont la présence seule suffit, non pour éveiller la bravoure, mais pour la porter au plus haut point même dans les cœurs qui n'en auroient pas le germe, lui fait obtenir la permission de s'exercer pour l'entreprise qu'il médite.

Séducteurs & perfides essais, vous n'eûtes que trop d'éclat, pour endormir nos appréhensions ; & la prudence de cet infortuné, qui encore enhardi par vous, va bientôt briser les liens qui nous garantissent sa personne, maintenant si intéressante : mais il faut bien céder à un charme irrésistible ; celui d'une vaine sécurité, encore augmentée par trois expéditions glorieuses. La pompe, le succès & les circonstances de la dernière, & plus encore la splendeur réfléchie sur elle par la présence des témoins, étoit bien propre à completter notre ivresse & celle de M. de Rozier. Ce ne sont plus les simples suffrages d'un peuple nombreux, honorables sans doute, qu'il emporte dans les airs. Ce sont les vœux, l'admiration de plusieurs majestés, qui habituées à la mériter, la lui prodiguent aux yeux de la France, de l'Europe, & plus encore, de tout l'univers : ô jour qui éclairâtes tant de prospérité ! ce seroit envain que les fastes de l'histoire s'offriroient à transmettre votre souvenir à nos derniers neveux, s'il n'avoit été perpétué par un Prince du sang des Bourbons, par l'héritier du nom & des vertus de ce Héros, qui après avoir fait tant de fois reculer le trépas effrayé dans la mêlée sanglante des batailles, venoit aussi humain qu'intrépide, verser des larmes de sensibilité sur les misères factices des malheureux illustres qu'enfanta le génie sublime du favori de Melpomène. Héros lui-même, & ne succédant pas moins à l'amour des arts de son généreux ayeul, qu'à ses droits à la vénération de la postérité, ce ne fut pas assez pour lui de donner des éloges qui seuls devoient suffir pour immortaliser M. de Rozier : il voulut encore que cette partie de ses domaines, où l'audacieux navigateur Aérien termina pour cette fois sa course glorieuse, attestât aux races futures sa généreuse hardiesse, & portât son nom aux âges les plus reculés.

Si la mort put jamais être embellie, sans doute ce fut en ce jour. Eh! qui de vous, Messieurs, ne lui eut alors porté envie? Objet des larmes d'un peuple juste & brave; des tendres & glorieux regrets de plusieurs têtes couronnées, partagés par les Princes de leur sang & par une Cour éclattante, tous dispensateurs éclairés de l'immortalité; le trépas de cette victime infortunée, loin de me paroître un sujet de plaintes douloureuses, eut alors été à mes yeux un apothéose orné de la plus sublime magnificence.

Mais pourquoi le verrions-nous sous un jour moins glorieux, parce qu'il est privé de quelques-unes de ces circonstances brillantes? Que dis-je, privé? il les a toutes. N'est-il donc pas honoré de vos larmes, qu'il seroit encore en mon pouvoir de faire couler par le seul récit de cette catastrophe cruelle, & que mon respect pour votre sensibilité me défend (*a*)? Il n'a pu jouir, il est vrai, des regrets de plusieurs Souverains, & sur-tout du

---

(*a*) Les Papiers Publics & les Journaux ont assez parlé de la fin déplorable de M. de Rozier, pour que je me crusse dispensé de rien ajouter à ce qu'ils en ont dit; d'ailleurs cette fonction m'a paru appartenir de droit à M. le Marquis de la Maisonfort, qui s'en est acquitté, le 14 Juillet, dans une Séance du Musée de Paris, avec une candeur & une sensibilité qui font l'éloge de son cœur & de son esprit. Il n'y a que la jeunesse qui puisse sentir & peindre de la sorte, parce que ses organes ne sont ni endurcis ni usés.

sien ; mais les a-t-il moins emportés ? & n'eut-ce pas été plutôt un supplice pour lui, qu'une jouissance, de survivre un seul instant à ceux qu'il a éveillés dans le sein paternel d'un maître qui ne cherche à s'y soustraire que par les bienfaits dont il comble sa famille ? Son ombre ne doit-elle pas s'applaudir d'avoir mérité & obtenu un si beau triomphe, qui malgré la distance de la scène, ne s'est pas moins passé sous les yeux de son Roi, dont le regard s'étend jusqu'aux extrémités de ses États, & sur le moindre de ses Sujets ?

Que manque-t-il donc à la satisfaction de ses mânes ? Le spectacle des pleurs de quelques amis. Ah ! si l'ame dégagée de son enveloppe grossière, peut être sensible à ce qui se passe ici-bas ; si de ces régions célestes, demeure de l'héroïsme, où sans doute vous êtes parvenu pour prix d'avoir osé aspirer à nous y servir de guide, l'œil de l'esprit peut percer l'épaisseur de ces nuages, au-dessus desquels vous vous élevâtes tant de fois pendant votre vie, vous ne devez plus avoir rien à désirer : une renommée à jamais immortelle ; la douleur de toutes les classes ; un souvenir précieux laissé dans ceux qui ont joui de votre commerce particulier ; un établissement qu'une foule de personnes recommandables s'efforce de soutenir, & qui, j'ose le prédire, vous survivra : quel Héros eut une plus flatteuse indemnité, lorsqu'il fût rayé des vastes registres de l'existence.

L'attendrissement d'un Citoyen privé, qui a mérité l'estime de la génération dans laquelle il vit, ne sauroit assurément ajouter que bien peu d'éclat, à une vie qui en a déjà tant reçu ; & cependant, afin que celui de la vie de M. de Rozier fut plus complet, si foible qu'une telle satisfaction puisse être, elle étoit encore destinée à sa mémoire. Oui, sans doute, vous n'aurez pu réprimer l'angoisse dont votre cœur aura été déchiré, à la nouvelle désastreuse, de la perte d'un homme qui est devenu le premier artisan de votre gloire, dont il étoit si jaloux (*a*). Vous aurez,

---

(*a*) Le 20 Novembre 1783, par une suite de l'enthousiasme de M. de Rozier pour Messieurs de Mongolfier, il fit couronner au Musée le buste du plus jeune des deux frères, alors à Paris. Leurs Altesses Sérénissimes Mesdames les Duchesses de Chartres & de Bourbon, qui honoroient la fête de leur présence, posèrent elles-mêmes la couronne. Par un semblable empressement à honorer le mérite, une fête pareille fut donnée au mois de Décembre dernier, au Pline François, & son Buste fut couronné des mains de la Justice & de la Victoire, par le ministère de M. de Flesselles & de M. le Bailli de Suffrein ; & on a voulu m'empêcher de rendre hommage sur le théâtre de sa gloire, à cet homme si ardent à le rendre un génie. Un soit-disant ami a trouvé mauvais que l'on me laissât jetter quelques fleurs sur sa cendre, parce qu'il vouloit accaparer le droit de le louer, comme si on pouvoit lui rendre trop d'honneurs. Eh ! Messieurs, ne nous disputons pas, à moins que ce ne soit à qui le célébrera mieux, ou plutôt renonçons-y : car

j'aime à le dire devant cette Assemblée, gémi sur votre découverte, qui vous coûte bien chère, puisqu'elle vous coûte un ami. Il me semble voir encore les pleurs ruisseler le long des joues de ce buste, qu'il n'eût pas cru suffisamment honorer, si deux Princesses, dignes de nos respects, n'eussent prêté leurs augustes mains pour donner plus de prix à la Couronne, dont il auroit voulu ceindre votre tête : mais, arrêtez des pleurs, qui pourroient le satisfaire un instant, & dont cependant il blâmeroit la persévérance. Ecoutez-le vous défendre par ma voix, de trop prêter l'oreille aux reproches que vos détracteurs & les siens vous font si hautement, que votre découverte n'a encore été que funeste, & ne sera jamais utile. Le premier dont la poitrine, selon le langage du Poëte, fut garnie d'un triple airain, & qui osa essayer de marcher sur un élément, à la vérité, plus solide que celui dont vous nous avez préparé la possession, a éprouvé, n'en doutez pas de pareils reproches, & aujourd'hui nous bénissons sa mémoire (a).

---

le *Vainqueur de la Grenade*, dans les regrets dont il a honoré sa mort, en le nommant *le Grenadier de la Physique, mort sur la Brêche*, ne nous a laissé que le moyen de délayer son éloge qu'il a fait d'un seul trait.

(a) Je n'ai prétendu rien dire de neuf, en disant que le premier Navigateur a éprouvé le reproche de témérité de la part de son siècle. D'autres l'on dit avant moi ; mais la chose, vu son antiquité, me paroît douteuse, sur-tout en lisant

« Mais, ô imagination ! envain tu veux donner le
» change à mon cœur, & me cacher nos pertes par
» tes officieuses, mais foibles confolations ; fans
» doute, le tableau qui me refte à voir eft affreux :
» mais laiffe-moi, j'aurai le courage de le con-
» templer : celui du perfonnage immortel qui y
» figure, me foutiendra. Oui, je fens que je puis
» regarder (à la vérité, non fans un torrent de
» larmes) les baffes jaloufies, les indignes ma-
» nèges, les tracafferies iniques, la calomnie
» odieufe, les trâmes fourdes, que de lâches enne-
» mis, avec qui le ciel femble confpirer, mettent
» en ufage pour étouffer une gloire qui les offuf-
» que. Eh ! pourquoi détournerois-je mes regards,
» & me priverois-je d'admirer la magnanimité avec
» laquelle il lute contre toutes les perfidies qui
» l'affiègent, & les obftacles que ce même élément
» qu'il a fi fouvent dompté, comme s'il avoit
» honte de fes premières défaites, s'efforce de lui
» oppofer ? La gloire n'eft pas toujours infépa-
» rable du triomphe, & l'on peut le trouver même
» en fuccombant.

Horace, qui fait plutôt l'éloge d'une intrépidité fans égale, que la Satyre d'une audace folle & téméraire. Je ne propofe donc cette idée que comme un moyen de réconciliation avec la perverfité de quelques-uns de nos contemporains, qui deviendra plus facile, en nous perfuadant que de tems immémorial, il y a eu des gens qui n'étoient pas meilleurs.

« Daignez donc me suivre, Messieurs. Portons
» un œil avide sur toutes les circonstances. Voyez
» comme l'envie est affairée à arracher les lau-
» riers qui devoient de nouveau orner sa tête ; &
» dans sa cruauté, elle refuse même d'y substituer
» de tristes cyprès. Mais, que dis-je ? Ah ! plutôt
» fuyons ce spectacle. Mon devoir m'ordonne de
» tirer un voile impénétrable sur de telles horreurs,
» & rien ne pourroit excuser mon ingratitude, si je
» vous en rendois plus long-temps spectateurs,
» pour prix de l'indulgente attention que vous
» avez daigné m'accorder (*a*) ».

(*a*) Les deux morceaux marqués de guillemets, ne furent point lus avec le Discours, quoique faits à ce dessein. Deux raisons m'en ont empêchés : la première, c'est que le Conseil en m'autorisant à travailler à ce sujet, & m'ayant nommé deux Commissaires pour m'entendre avant la lecture publique, j'aurois cru leur manquer en lisant un passage que je fis d'après la communication à eux faite de mon Discours. Je me proposois donc de leur en faire part ; mais j'en fus ensuite détourné par la résolution de ne pas le lire, que me fit prendre la crainte que quelques auditeurs connus pour assez mal disposés en ma faveur, ne crussent que j'avois voulu joindre un tableau des circonstances où je me trouvois à leur égard, à celui qui n'étoit destiné qu'à représenter les chagrins suscités à M. de Rozier. Cependant le Public devenant mon juge, je crois ne manquer à personne, en réintégrant à sa place cette partie de ma défense devant lui.

FIN.

www.ingramcontent.com/pod-product-compliance
Lightning Source LLC
Chambersburg PA
CBHW060508050426
42451CB00009B/874